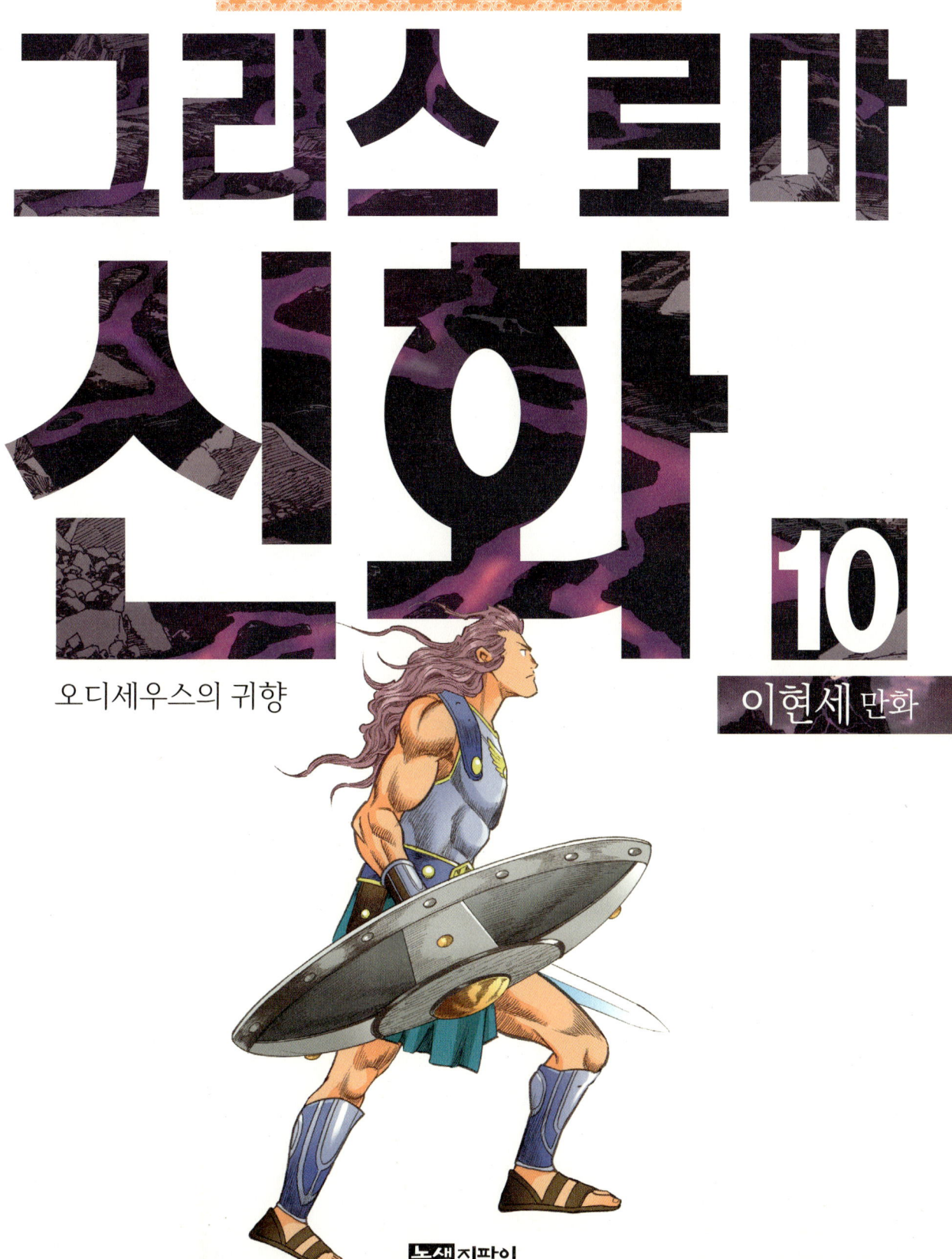

신화 속 신과 영웅

오디세우스
이타카의 왕으로 그리스 연합군 가운데 최고의 지혜를 가진 영웅이에요. 목마를 이용해 트로이를 무너뜨리고 귀향하는 길에 숱한 모험을 겪어요.

아가멤논
미케네의 왕이에요. 동생 메넬라오스의 아내 헬레네가 파리스와 함께 트로이로 떠나자 그리스 연합군을 조직해 트로이와 전쟁에 나서요.

아킬레우스
프티아의 왕 펠레우스와 바다의 여신 테티스 사이에서 태어난 트로이 전쟁 최고의 영웅이에요. 어떤 무기에도 상처 입지 않는 몸을 가지고 있어요.

칼카스
트로이 전쟁 때 그리스의 편에 서서 중요한 일들을 미리 내다본 예언자예요. 자신보다 뛰어난 예언자를 만나면 죽을 운명이라는 것을 알고 있어요.

프리아모스
트로이의 마지막 왕이에요. 많은 자식을 두고 행복한 삶을 살았지만 트로이 전쟁으로 인해 대부분의 자식을 잃고 네오프톨레모스에게 죽임을 당해요.

파트로클로스
아킬레우스의 절친한 친구예요. 트로이와의 전쟁을 거부한 아킬레우스를 대신해 전투에 나갔다가 헥토르의 손에 목숨을 잃어요.

헥토르
프리아모스 왕의 맏아들로 지혜와 용기를 갖춘 트로이의 영웅이에요. 아킬레우스와의 전투에서 패배해 목숨을 잃어요.

헬레노스
트로이의 왕자이자 예언자예요. 파리스가 죽은 다음 헬레네를 차지하려다 실패하고 나서 트로이를 등지고 그리스의 편에 서요.

네오프톨레모스
트로이 전쟁의 영웅 아킬레우스의 아들이에요. 그리스의 승리를 위해서는 반드시 자신의 힘이 필요하다는 신탁을 받고 전쟁에 참가해 프리아모스의 목숨을 빼앗아요.

페넬로페
그리스의 영웅 오디세우스의 아내예요. 오디세우스가 트로이 전쟁에 나가 돌아오지 않는 사이 수많은 구혼자들에게 시달렸지만 끝까지 남편을 기다렸어요.

차례

1장 기나긴 전쟁 — 7
신화와 인간 트로이 전쟁을 내다본 예언자 칼카스

2장 아킬레우스의 죽음 — 37

3장 전쟁을 끝낸 트로이 목마 — 93
신화와 과학 치명적인 약점, 아킬레스건

 **4장** 오디세우스의 험난한 여정　　　　　147

　　신화와 문화　트로이의 목마
　　신화와 문학　오디세우스의 노래, 〈오디세이〉

 **5장** 고향 땅을 밟은 오디세우스　　　　　195

 올림포스 박물관　트로이를 세상 밖으로 꺼낸 슐리만

 올림포스의 영웅　전쟁을 위해 태어난 영웅 아킬레우스
　　　　　　　　　　　그리스 최고의 지략가 오디세우스

● 이 책에 나오는 그리스어와 라틴어로 된 신의 이름, 인명, 지명 등은 〈표준국어대사전〉 외래어 표기법과 용례에 따라 적었습니다.

● 이 책은 다음의 원전을 바탕으로 어린이 독자에 맞게 엮었습니다.
　호메로스(기원전 800~750년 무렵 활동), 〈일리아드〉와 〈오디세이〉
　아이스킬로스(기원전 525~456년), 〈아가멤논〉, 〈결박된 프로메테우스〉 외 다수
　소포클레스(기원전 496~406년), 〈오이디푸스 왕〉, 〈엘렉트라〉 외 다수
　에우리피데스(기원전 484~406년), 〈메데이아〉, 〈헬레네〉 외 다수
　헤시오도스(기원전 700년 무렵 활동), 〈신통기(신들의 계보)〉와 〈노동과 나날〉
　아폴로도로스(기원전 180년 무렵~기원전 120년 이후), 〈원전으로 읽는 그리스 신화〉
　베르길리우스(기원전 70~기원전 19년), 〈아이네이스〉
　오비디우스(기원전 43~기원후 17년), 〈변신 이야기〉
　토머스 벌핀치(1796~1867년), 〈그리스 로마 신화〉

1장. 기나긴 전쟁

쏴

트로이의 성문은 굳게 닫혀 있었어요. 그리스 연합군이 아무리 싸움을 걸어도 트로이군은 꼼짝도 하지 않았지요.

아아, 이 지루한 전쟁은 언제 끝난단 말인가!

내 아들은 얼마나 컸을까?

페넬로페, 당신 목소리가 듣고 싶소.

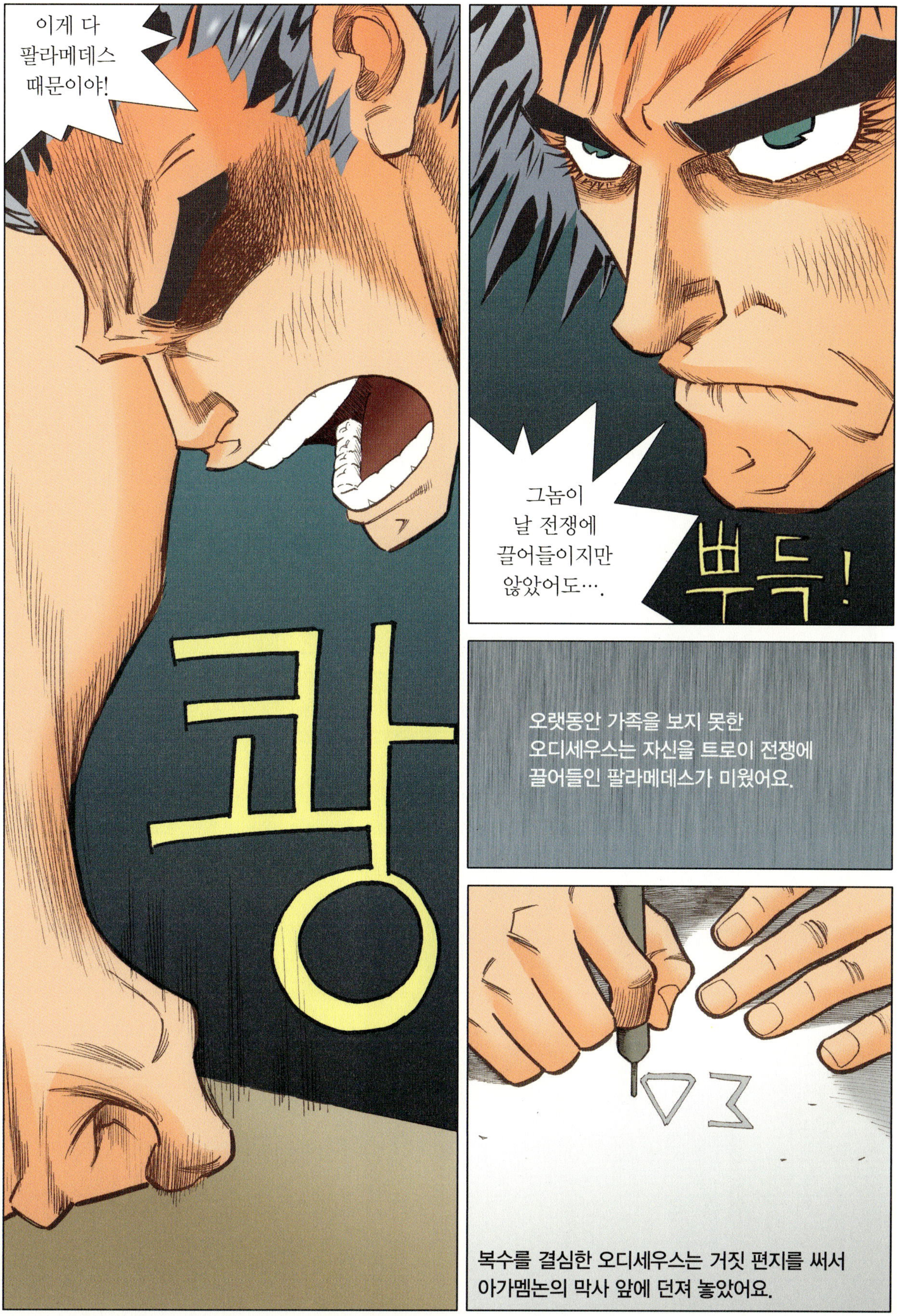

이게 다 팔라메데스 때문이야!

그놈이 날 전쟁에 끌어들이지만 않았어도….

오랫동안 가족을 보지 못한 오디세우스는 자신을 트로이 전쟁에 끌어들인 팔라메데스가 미웠어요.

복수를 결심한 오디세우스는 거짓 편지를 써서 아가멤논의 막사 앞에 던져 놓았어요.

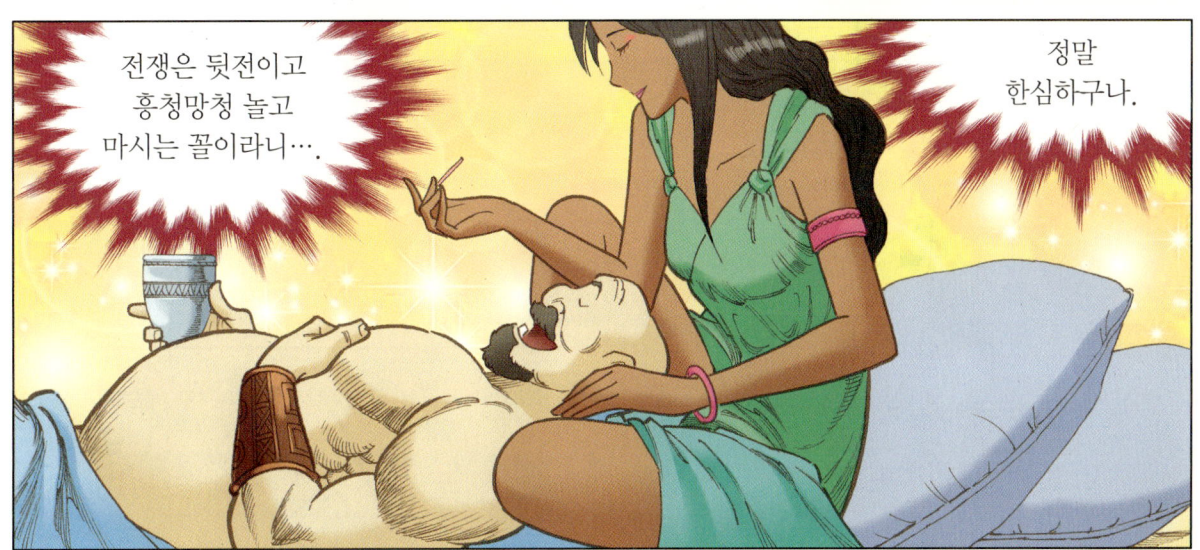

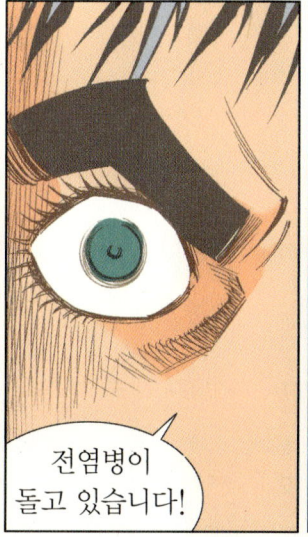

트로이 전쟁을 내다본 예언자 칼카스

그리스 로마 신화를 읽다 보면 앞날을 내다보는 예언자가 종종 등장해. 대표적인 예언자로는 눈먼 테이레시아스를 꼽을 수 있지. 테이레시아스가 세상을 떠난 뒤 그리스에서 가장 뛰어난 예언자라는 평가를 받은 사람이 있었는데, 그게 바로 칼카스야.

예언자 칼카스는 아폴론의 사제 테스토르의 아들로, 아가멤논과 오디세우스를 도와 그리스군을 승리로 이끌었어. 특히 트로이 전쟁을 준비하는 아가멤논에게 아킬레우스의 힘이 있어야만 승리할 수 있다고 충고해 큰 도움을 주었지. 칼카스는 뱀이 아홉 마리의 참새를 잡아먹은 뒤 돌로 변하는 광경을 보고 트로이 전쟁이 구 년을 넘어 십 년이 되는 해에 끝날 것이라는 예언을 했어. 그리고 정말로 트로이 전쟁은 십 년이 되던 해에 끝이 났지.

이처럼 칼카스는 위대한 예언자였지만, 자신보다 뛰어난 예언자를 만나면 목숨을 잃게 될 운명이었다고 해. 그는 트로이 전쟁이 끝나고 돌아오는 길에 모프소스라는 뛰어난 예언자를 만나 능력을 겨루어 패배하자 그 충격으로 스스로 죽음을 선택했어.

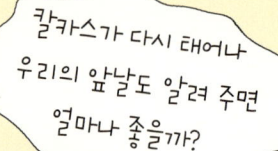

칼카스가 다시 태어나 우리의 앞날도 알려 주면 얼마나 좋을까?

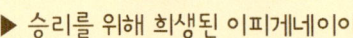

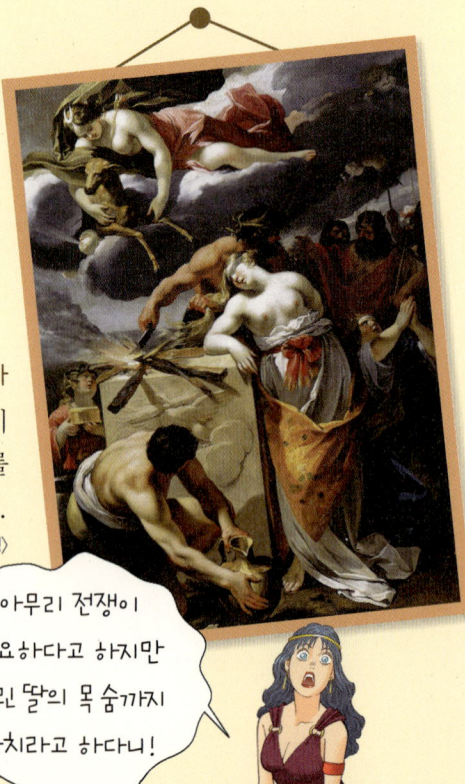

▶ 승리를 위해 희생된 이피게네이아
칼카스는 아르테미스 여신의 노여움을 풀기 위해 총사령관 아가멤논의 딸 이피게네이아를 제물로 바쳐야 한다고 예언했어요.
■ 프랑수와 페리에, 〈이피게네이아의 희생〉

아무리 전쟁이 중요하다고 하지만 어린 딸의 목숨까지 바치라고 하다니!

◀ 트로이 전쟁을 승리로 이끈 예언자
칼카스의 예언 덕분에 그리스군은 중요한 갈림길에서 언제나 옳은 선택을 할 수 있었어요.
■ 독일 베를린 상수시 궁전에 있는 조각상

2장. 아킬레우스의 죽음

그때 아프로디테가 나타나 자신의 아들 아이네이아스를 구했어요.

아테나, 날 찌르다니….

난 원래 당신이 마음에 안 들었어!

두고 보자, 아테나!

뿌득-

파앗

흥, 얼마든지!

히이잉

우당탕 콰앙

전투 중에 무슨 말이 그리 많으냐?

트로이군의 거센 공격에 그리스 연합군은 점점 뒤로 밀려났어요.

서둘러라! 트로이 놈들이 언제 다시 공격해 올지 모른다!

진지 주위에 방어벽을 쌓고 구덩이를 파라!

그리스 연합군이 트로이군에게 계속 패하자 오디세우스와 아이아스가 나섰어요.

이제 와서 걱정되는 모양입니다.

우리가 아킬레우스를 설득해 봅시다.

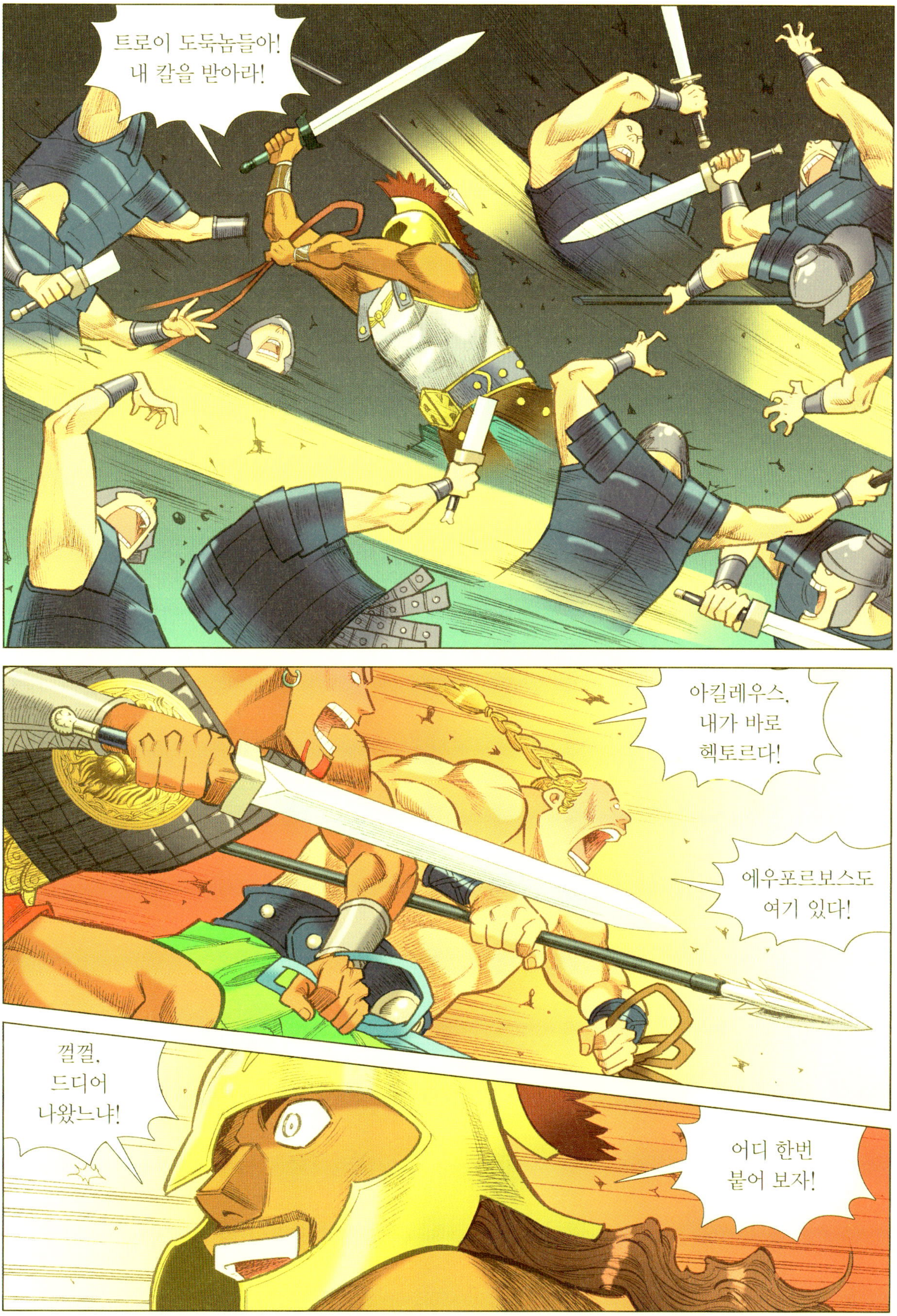

트로이 도둑놈들아! 내 칼을 받아라!

아킬레우스. 내가 바로 헥토르다!

에우포르보스도 여기 있다!

껄껄. 드디어 나왔느냐!

어디 한번 붙어 보자!

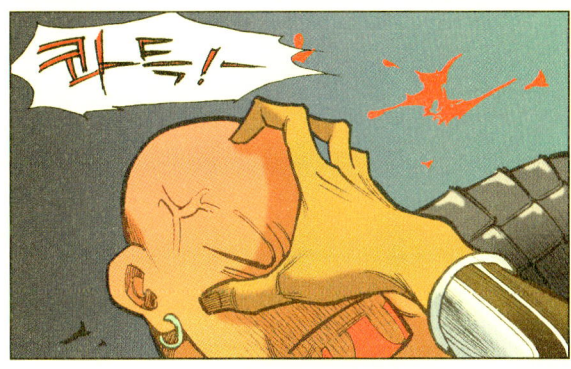

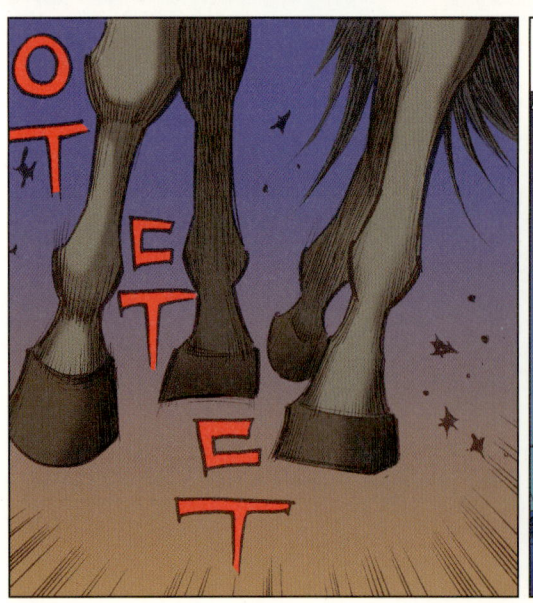

아킬레우스의 주검을 가져가 장례를 치르고 싶소.

혼자 오다니 용기가 대단하군.

과연 아이아스!

길을 터 줘라!

저벅-

저벅-

하지만 신들은 두 영웅을 두고 승자와 패자를 이미 결정해 놓고 있었지요.

결국 이렇게 되었군. 아킬레우스, 나와 승부를 가리자!

이제야 나왔느냐?

내가 죽은 줄 알고 있었을 텐데 실망이 크겠군.

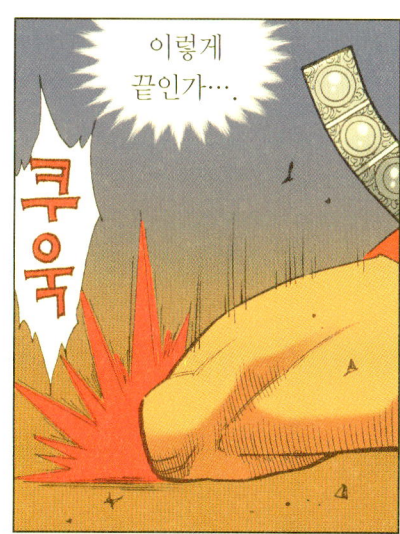

이자가 진정 인간이란 말인가!

꼬리를 내리고 도망치는 거냐, 헥토르?

오, 신이시여! 내 아들을 가엾게 여기소서!

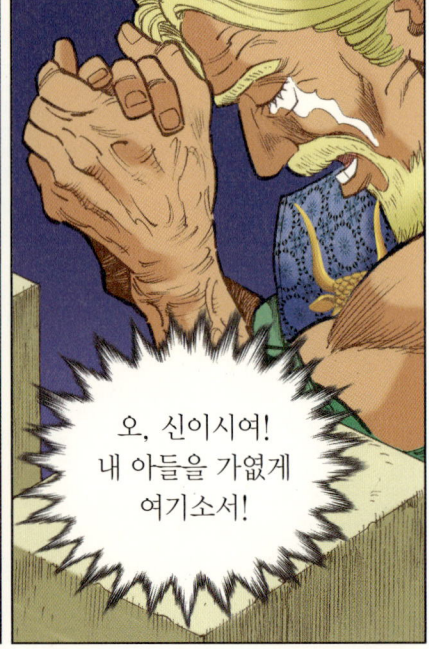

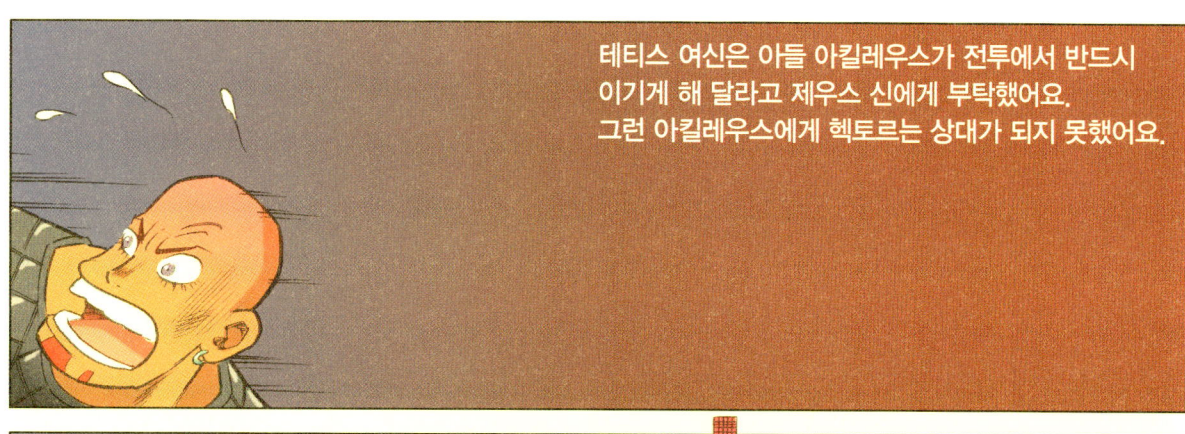

테티스 여신은 아들 아킬레우스가 전투에서 반드시 이기게 해 달라고 제우스 신에게 부탁했어요.
그런 아킬레우스에게 헥토르는 상대가 되지 못했어요.

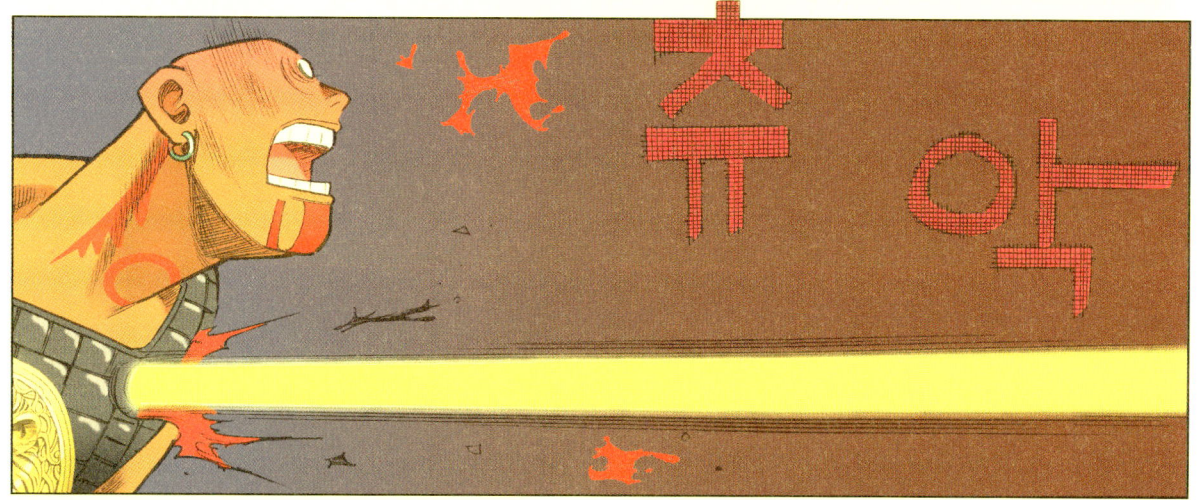

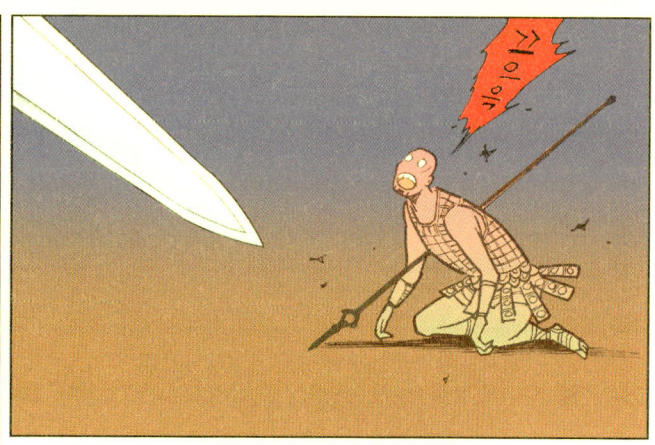

트로이를 위해 후회 없이 싸웠으니 죽음이 두렵지 않다.

그대도 언젠가는 누군가의 손에 죽게 되겠지.

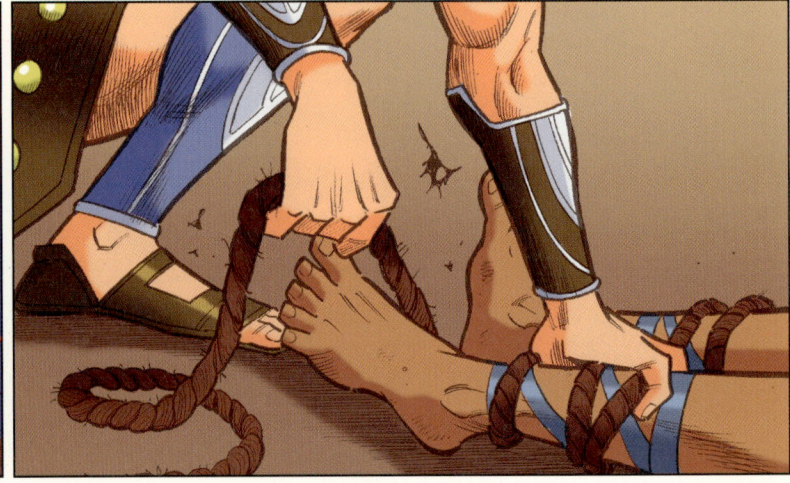

이 늙은이가
신들의 도움으로
여기까지 왔다오.

위대한 용사여,
부디 나를 불쌍히 여겨
아들의 주검을
돌려주시오.

오, 제발!

저건 뭐야? 저런 화살에 내가 맞아 줘야 하는 거냐?

그때, 아폴론이 파리스가 쏜 화살에 힘을 불어넣었어요.

아킬레우스의 주검을 두고 트로이군과 그리스 연합군 사이에 치열한 싸움이 벌어졌어요.

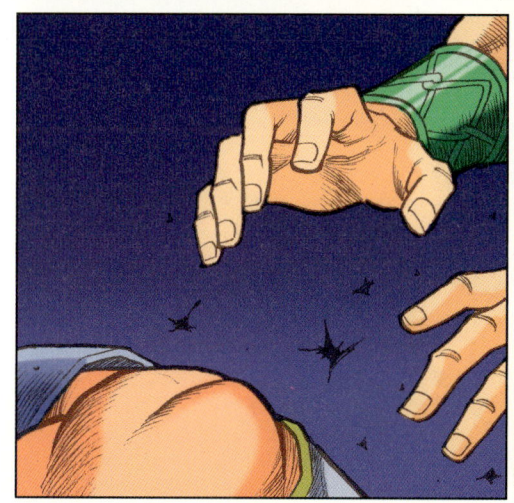

치명적인 약점, 아킬레스건

아킬레스건이라는 말을 들어 본 적 있니? 아킬레스건은 그리스의 영웅 아킬레우스의 이야기에서 유래한 말로 사람의 발뒤꿈치에 있는 힘줄을 가리켜. 걷거나 뛸 때 아주 중요한 역할을 하는 부위이기 때문에, 이곳을 다치게 되면 보통 사람은 물론이고 격렬하게 몸을 움직여야 하는 운동선수에게 치명적이지. 그래서 누군가의 약점을 비유적으로 표현할 때 아킬레스건이라는 단어를 쓰기도 해.

바다의 여신 테티스는 아들 아킬레우스를 상처 입지 않는 몸으로 만들기 위해 스틱스강에 몸을 담가 주었어. 하지만 손으로 붙잡고 있던 발목에는 강물이 닿지 않았고, 그 부분이 아킬레우스의 유일한 약점이 되었지. 트로이 전쟁 때 발뒤꿈치에 파리스가 쏜 화살이 꽂혔고, 영웅 아킬레우스는 그렇게 세상을 떠나게 됐어. 세상 무서울 것 없는 영웅 아킬레우스의 약점이 고작 발뒤꿈치였다니, 정말 재미있지?

◀ 상처를 입지 않는 몸
테티스는 자신과 달리 인간의 피가 흐르는 아들을 위해 스틱스강에 몸을 담가 주었어요.
■ 페테르 파울 루벤스, 〈스틱스강에 아킬레우스를 담그는 테티스〉

▶ 약점을 파고든 화살
파리스가 쏜 화살은 정확히 아킬레우스의 약점을 파고들어 그의 목숨을 빼앗아갔어요.
■ 페테르 파울 루벤스, 〈아킬레우스의 죽음〉

3장. 전쟁을 끝낸 트로이 목마

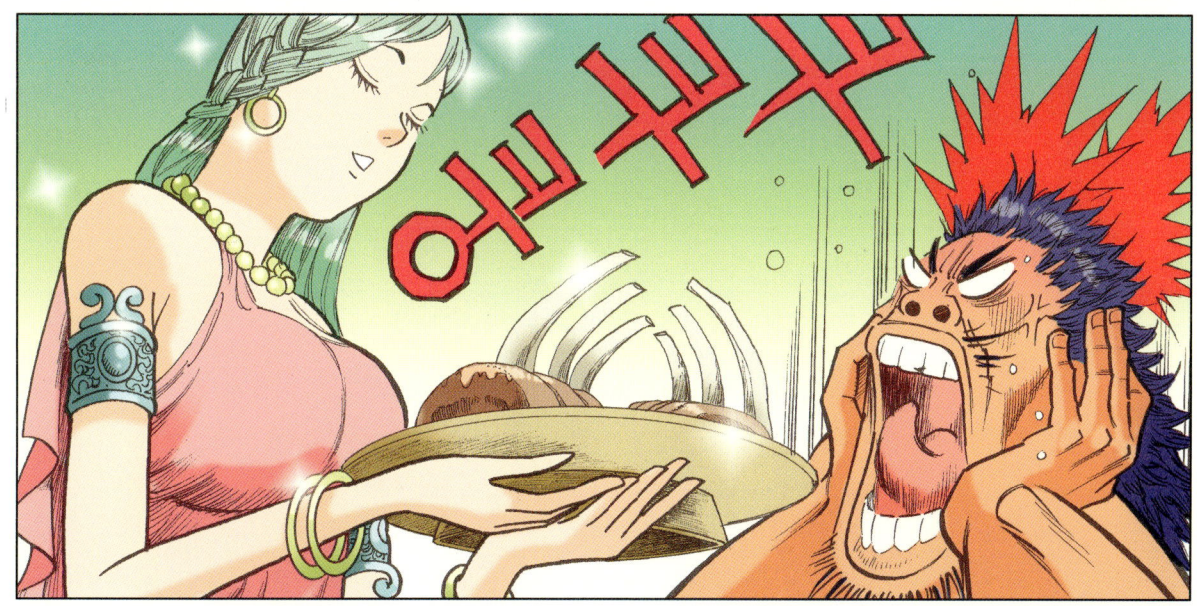

헬레네와의 사랑을 선택하는 바람에 트로이 전쟁을 불러온 파리스는 그렇게 세상을 떠났어요.

이 소식을 들은 메넬라오스는 몹시 기뻐했지요.

크하하, 파리스가 죽다니 날아갈 것 같구나!

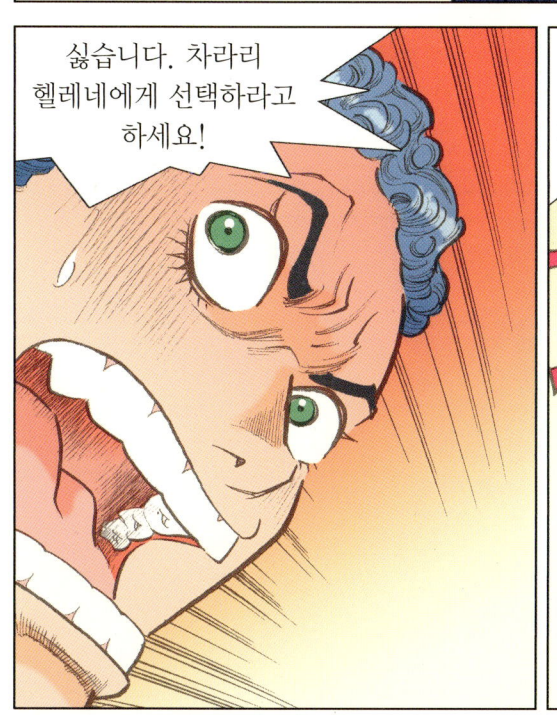

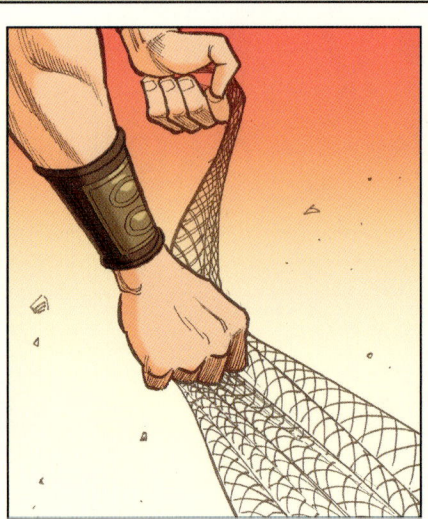

오디세우스는 네오프톨레모스에게
아킬레우스의 갑옷과 투구를 주었어요.

아버지의 원수를
갚을 기회를 주셔서
고맙습니다!

나는 아킬레우스의 아들,
네오프톨레모스다!
죽고 싶은 자는
어서 나오거라!

오디세우스와 디오메데스는 거지처럼 꾸미고 트로이의 성으로 들어갔어요.

성안에서 한 끼만 얻어먹게 해 주십시오. 며칠을 굶었습니다, 제발 들어가게 해 주십시오.

거지들을 성안에 들이면 안 되는데….

대충 먹고 빨리 나와!

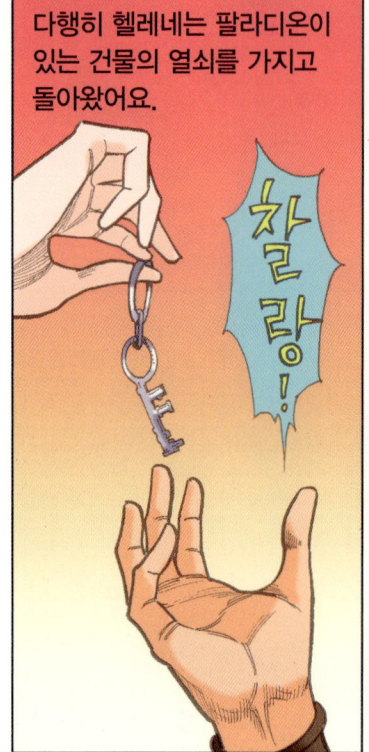

으하하하, 드디어 팔라디온을 얻었어!

팔라디온을 훔친 오디세우스와 디오메데스는 헬레네가 준비한 말을 타고 무사히 성을 빠져나왔어요.

이제 트로이는 빈 껍데기나 마찬가지야!

트로이를 구하려던 라오콘과 두 아들은
아테나가 보낸 바다뱀에 목숨을 잃었어요.

영차

영차 영차

오디세우스의 뜻대로 목마는 트로이의 성안으로 옮겨졌어요.

아이고, 죽겠다!

목마가 사람 잡네!

헉헉-

물! 물 좀 줘!

헉헉

그날 밤, 성안에서는 트로이의 승리를 축하하는 큰 잔치가 열렸어요.

오, 내 사랑!
드디어 지루한
전쟁이 끝났어!

이제 십 년을
미룬 결혼식을
올리자!

이게 얼마 만에
마셔 보는 술이냐!

사람들은 실컷 먹고 마시며 십 년 만에 찾아온 평화를 기뻐했어요.

아이고,
취한다.

벌써 취하면
어떡해?

십 년 동안
못 놀았는데
이 정도로 끝낼 순
없지!

왝~
왝~

그에 맞춰 트로이의 성안에서는 목마의 문이 열렸어요.

목마 안에 숨어 있던 그리스 병사들이 줄줄이 아래로 내려왔어요.

그리스의 영웅들도 함께였지요.

푸욱!

그대는 여기 남아 성문을 열고 병사들을 지휘하시오. 나는 네오프톨레모스와 안으로 들어가겠소.

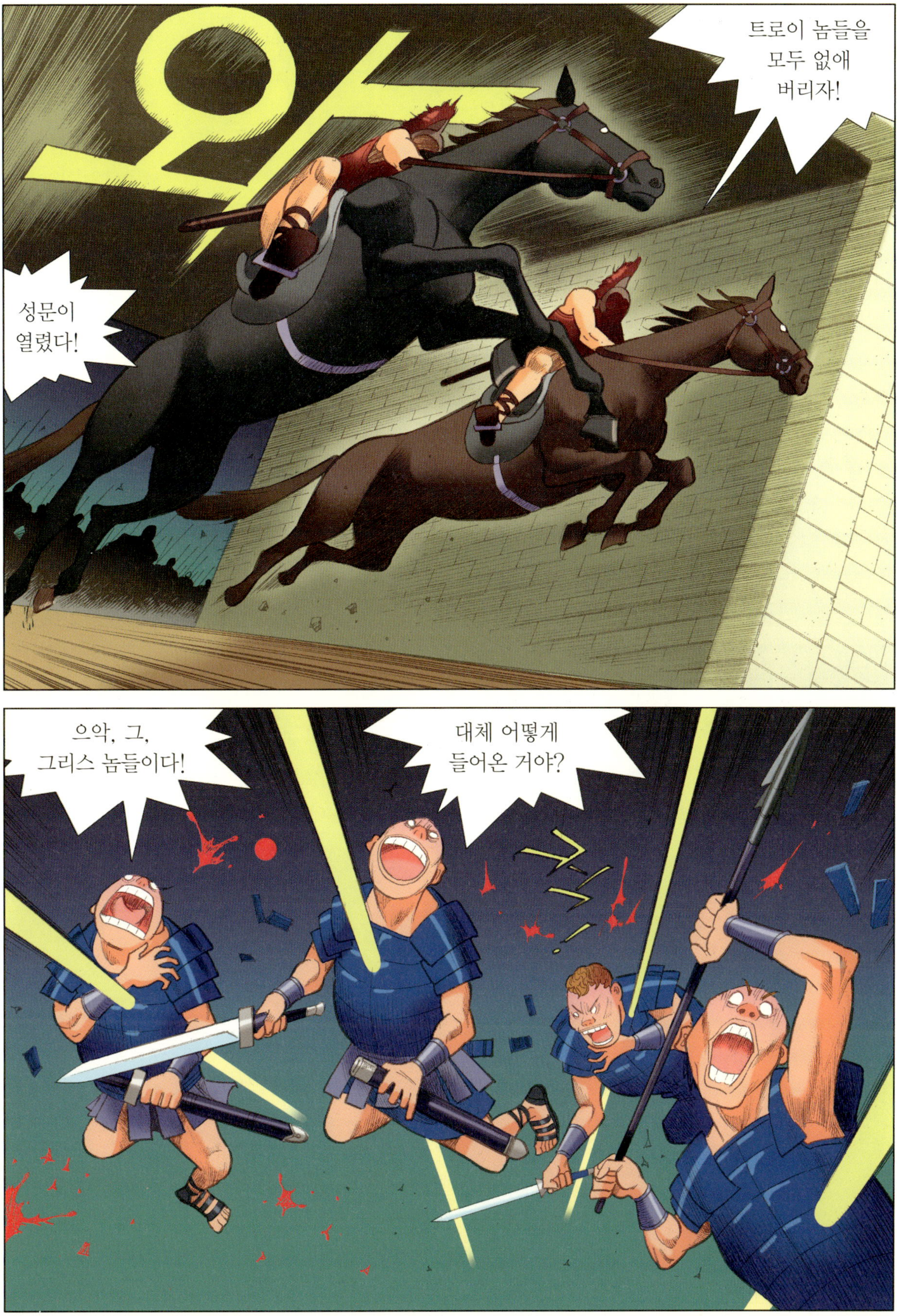
와
트로이 놈들을 모두 없애 버리자!
성문이 열렸다!
으악, 그, 그리스 놈들이다!
대체 어떻게 들어온 거야?

앞날을 내다본 카산드라는 아테나 신전으로 도망쳤어요.

그녀의 뒤를 작은 아이아스가 뒤쫓았지요.

그는 아이아스와 이름이 같은 장수로 체구가 작아 '작은 아이아스'라고 불렸어요.

카산드라, 뛰어 봐야 벼룩이다!

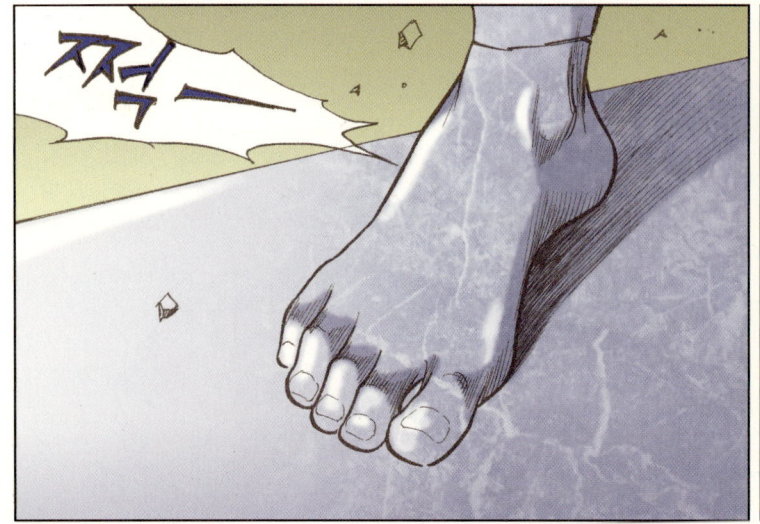

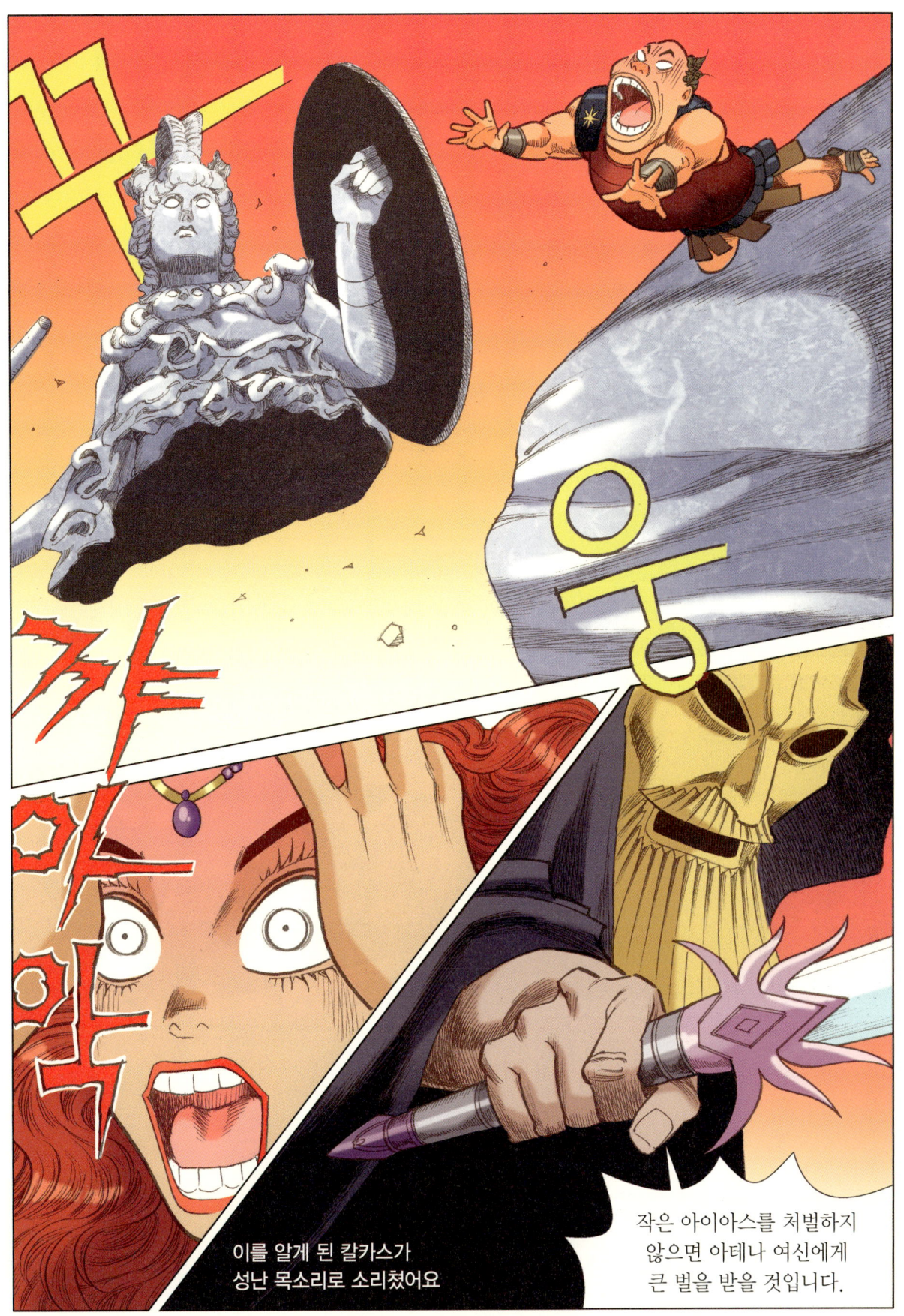

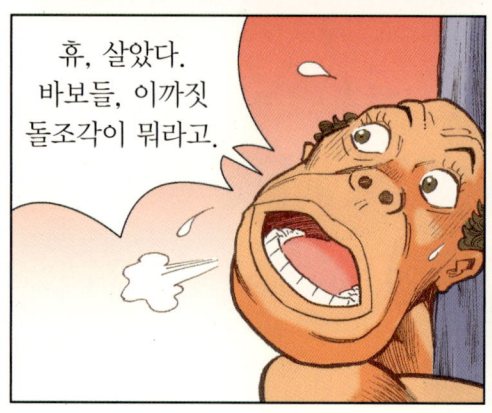

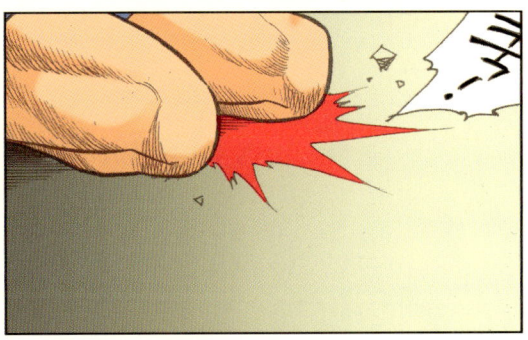

그리스 연합군과 트로이군이 신들과 함께 벌인 트로이 전쟁은 그리스 연합군의 승리로 끝났어요. 번영을 누리던 트로이는 잿더미로 변했고, 트로이인들은 죽임을 당하거나 노예로 팔려 갔어요.
전쟁은 영웅을 낳기도 하지만, 모두에게 슬픔과 아픔을 남기게 되지요.

으하하, 활활 타올라라!

아, 트로이는 사라져도 파리스 당신은 영원히 잊지 못할 거예요.

4장. 오디세우스의 험난한 여정

신들이 내가 배에 타고 있는 걸 알았나 봐!

빨리빨리 실어라!

허튼짓하면 죽는다!

키코네스족 신관은 오디세우스에게 감사의 인사를 했어요.

신전을 지켜 주셔서 정말 고맙습니다.

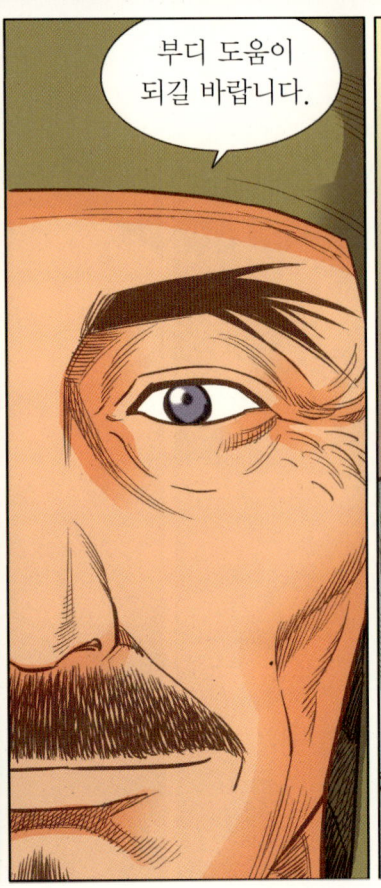

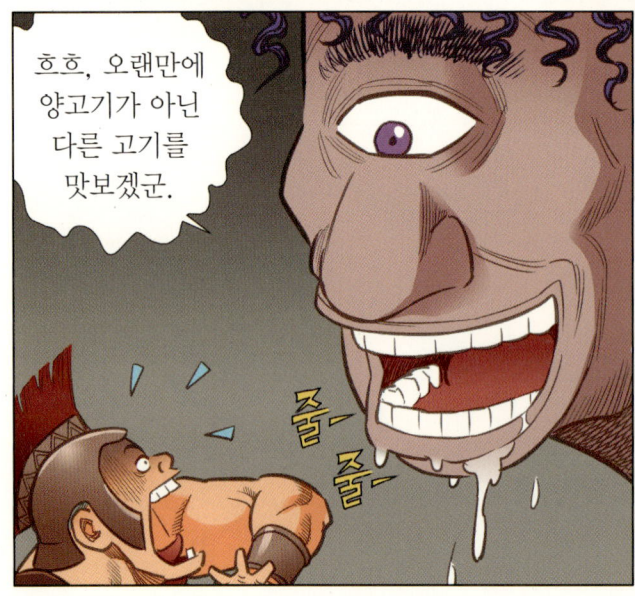

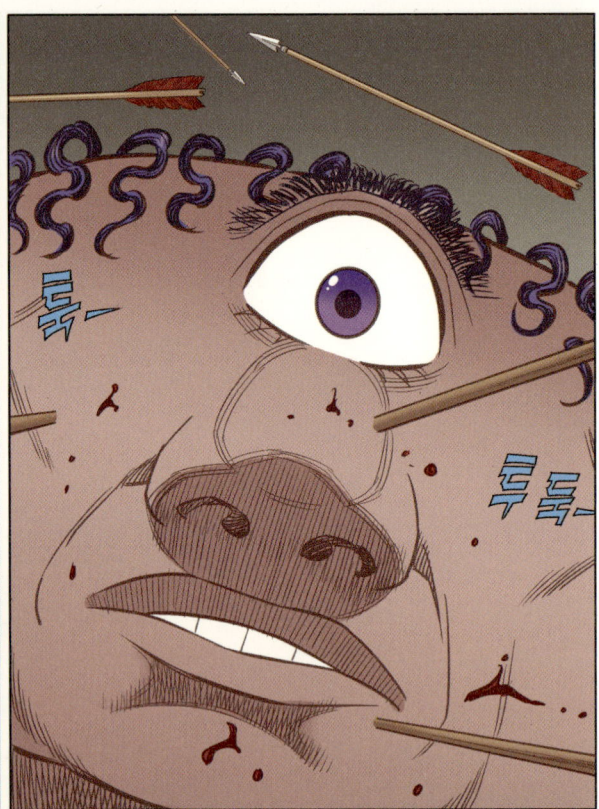

폴리페모스의 비명 소리를 듣고 괴물들이 달려왔어요.

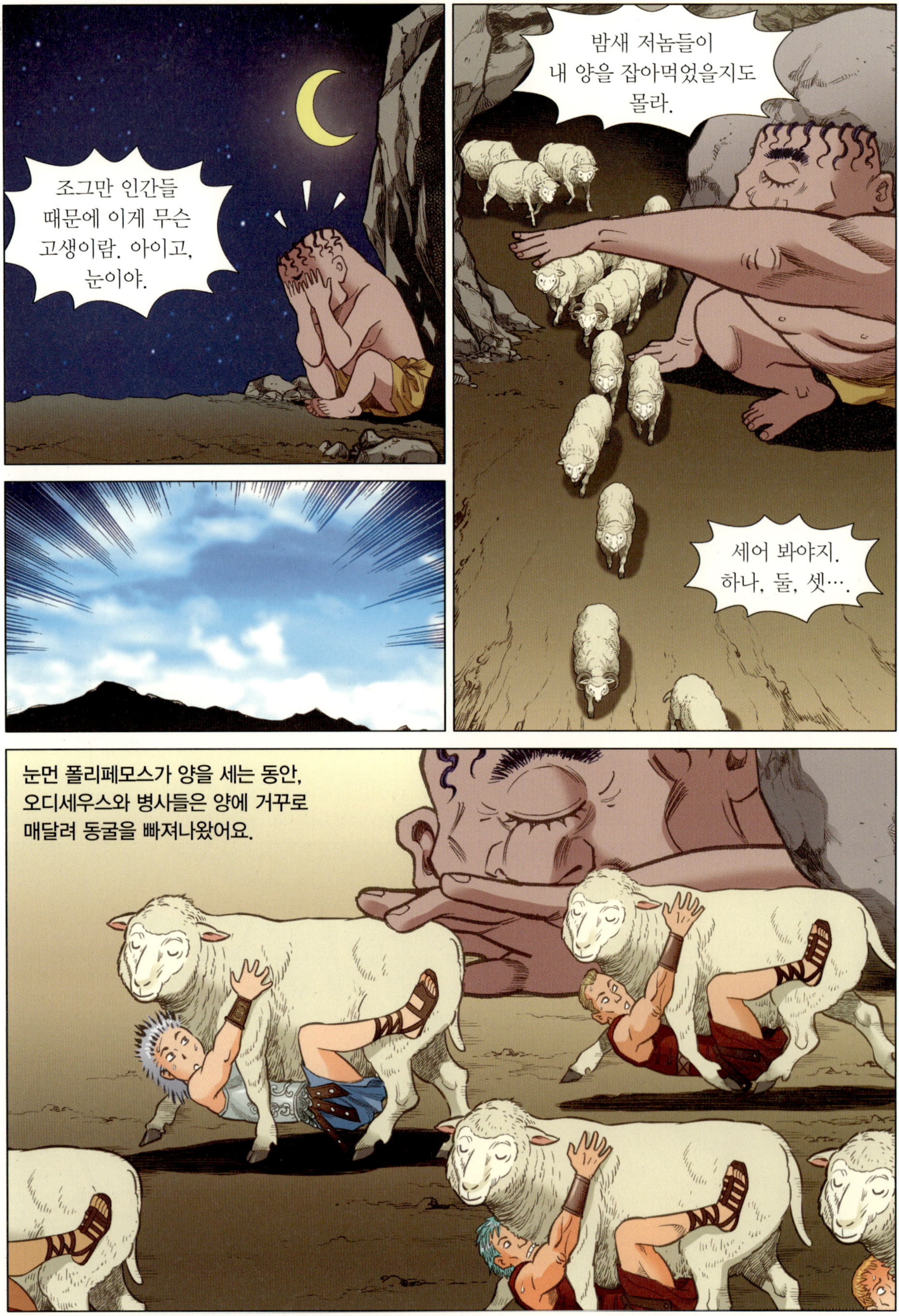

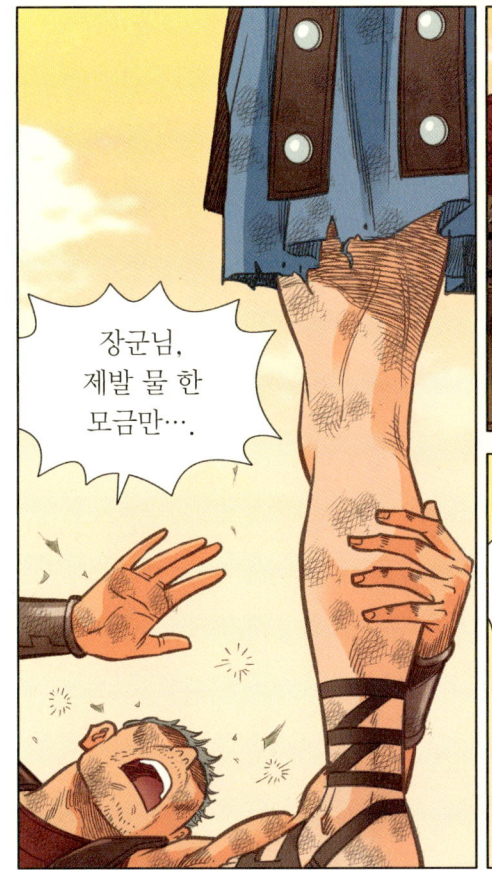

185

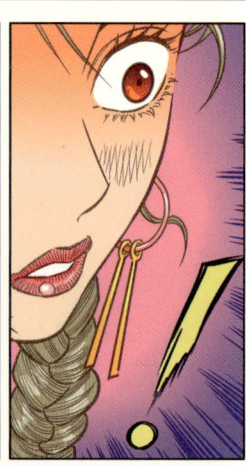

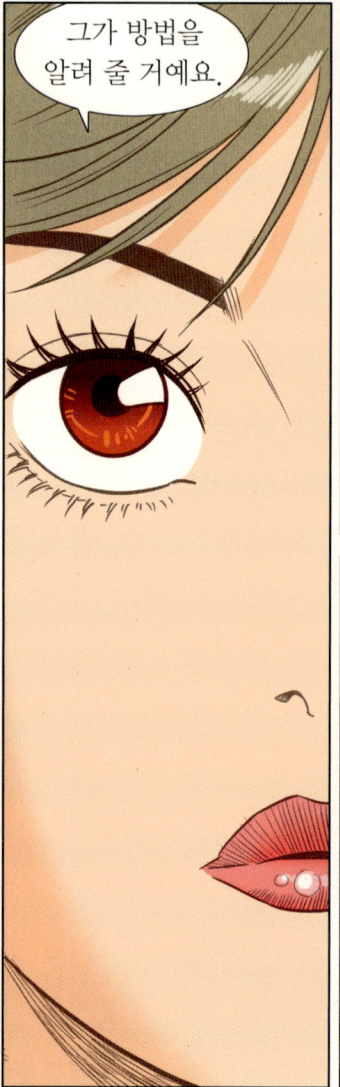

신화와 문화

트로이의 목마

십 년 동안 끄떡없던 트로이의 성이 끝내 무너지고 말았어. 여러 영웅의 뛰어난 활약이 있었지만, 결정적인 계기는 트로이의 목마였지. 목마 이야기는 문학과 미술, 영화 등 많은 예술 작품의 소재로 쓰였어. 흔히 '트로이의 목마'라는 말은 겉으로는 괜찮아 보이지만 실제로는 파멸에 이르게 하는 존재, 혹은 외부의 요인이 내부를 무너뜨린다는 의미로 쓰이곤 해. 그래서 서양에는 '그리스인의 선물을 조심하라.'라는 속담도 있지. 같은 이름의 컴퓨터 바이러스도 있어. 겉으로는 유용한 프로그램처럼 보이지만 실행했다가는 중요한 파일이 삭제되거나 외부로 전송되지.

재미있는 것은 트로이 전쟁을 다룬 <일리아드>에는 목마 이야기가 없다는 사실이야. 실제로 트로이 성이 무너진 것은 큰 지진 때문이었는데, 전쟁을 극적으로 보이게 하려고 만들어 낸 이야기일 수도 있다고 해. 오디세우스의 뛰어난 지략이 실은 작가의 뛰어난 상상력이었던 셈이지.

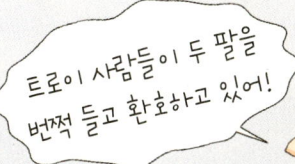

트로이 사람들이 두 팔을 번쩍 들고 환호하고 있어!

◀ 트로이 성을 무너뜨릴 목마
트로이 사람들은 저 아름다운 목마가 트로이 성을 무너뜨릴 거라고는 꿈에도 생각하지 못했어요.
■ 조반니 도메니코 티에폴로, 〈트로이로 들어가는 목마〉

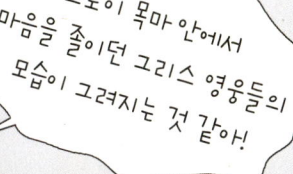

트로이 목마 안에서 마음을 졸이던 그리스 영웅들의 모습이 그려지는 것 같아!

▶ 영화의 소재로 사용된 트로이 목마
트로이 목마는 영화의 가장 극적인 부분에서 웅장한 모습으로 등장해요.
■ 영화 〈트로이〉에서 사용되었던 트로이 목마의 모형

오디세우스의 노래, <오디세이>

<오디세이>는 '오디세우스의 노래'라는 뜻으로, 고대 그리스의 시인 호메로스가 쓴 서사시야. 트로이 전쟁을 승리로 이끈 오디세우스가 숱한 고난을 겪으며 고향인 이타카로 돌아가, 구혼자들을 물리치고 아내와 왕국을 되찾을 때까지의 이야기를 담고 있지. 오디세이는 '모험이 가득한 긴 여행'을 뜻하는 말로 사용되기도 해.

<오디세이>는 눈앞에서 벌어지는 듯한 생생한 묘사로 오랫동안 많은 사람의 사랑을 받았어. 또한 오늘날까지 전해지는 유명한 문학 작품과 우주 과학, 그리고 갖가지 상품의 이름에도 사용되고 있지. 2001년 4월 7일 미국 항공 우주국(NASA)에서 발사한 화성 탐사선의 이름이 바로 오디세이야. 오디세이는 마치 오디세우스처럼 태양과 지구 거리의 약 세 배에 달하는 4억 6,000만 킬로미터를 여행한 뒤 2001년 10월 23일 화성 궤도 진입에 성공했단다.

▲ 세이렌들에게 둘러싸인 오디세우스
오디세우스의 귀향길에는 세이렌과 같은 괴물들이 넘쳐났어요. 오디세우스는 선원들을 모두 잃고, 목숨을 빼앗길 뻔하기도 했지만 모든 고난을 이겨 내고 고향으로 돌아갔어요.
■ 존 윌리엄 워터하우스, 〈오디세우스와 세이렌〉

세이렌들의 표정을 보면 오디세우스를 유혹하는 게 아니라 괴롭히는 게 분명해!

▲ 서사 시인 호메로스
호메로스는 트로이 전쟁과 그 뒤 이야기를 담고 있는 〈일리아드〉와 〈오디세이〉를 썼어요.
■ 영국 런던 박물관에 소장되어 있는 호메로스 두상

5장. 고향 땅을 밟은 오디세우스

배가 섬 근처로 가자 세이렌들의 노랫소리가 들렸어요.

아아! 노래가 이렇게 아름다울 수 있다니!

배를 당장 세이렌 쪽으로 돌려라!

쏴아악-

쏴아악-

배가 멀어지자 세이렌들은 더욱 간절하게 노래를 불렀어요.

으아아아, 제발 풀어 줘! 세이렌의 노래를 듣다가 죽어도 좋단 말이다!

그냥 가네?

정말?

우리가 실패하다니….

화가 치밀어 못 견디겠어.

이런 모욕을 받느니 죽는 게 나아!

자존심이 무척 센 세이렌들은 스스로 목숨을 끊었어요.

끼아악!

오디세우스는 돛대에 묶였기 때문에 노래를 듣고도 살아남을 수 있었어요.

안 돼! 계속 노래를 불러 줘!

세이렌의 섬을 지나고 얼마 되지 않아 메시나해협이 나타났어요. 해협의 양쪽은 바위 절벽이었는데, 한쪽에는 뱃사람들을 잡아먹는 괴물 스킬라가 살았고,

한쪽에는 모든 걸 삼켜 버리는 소용돌이 카리브디스가 있었지요.

콰앙

메시나해협에 도착하면 당신은 모두 죽을지, 몇 사람만 죽게 할지 선택해야 할 거예요.

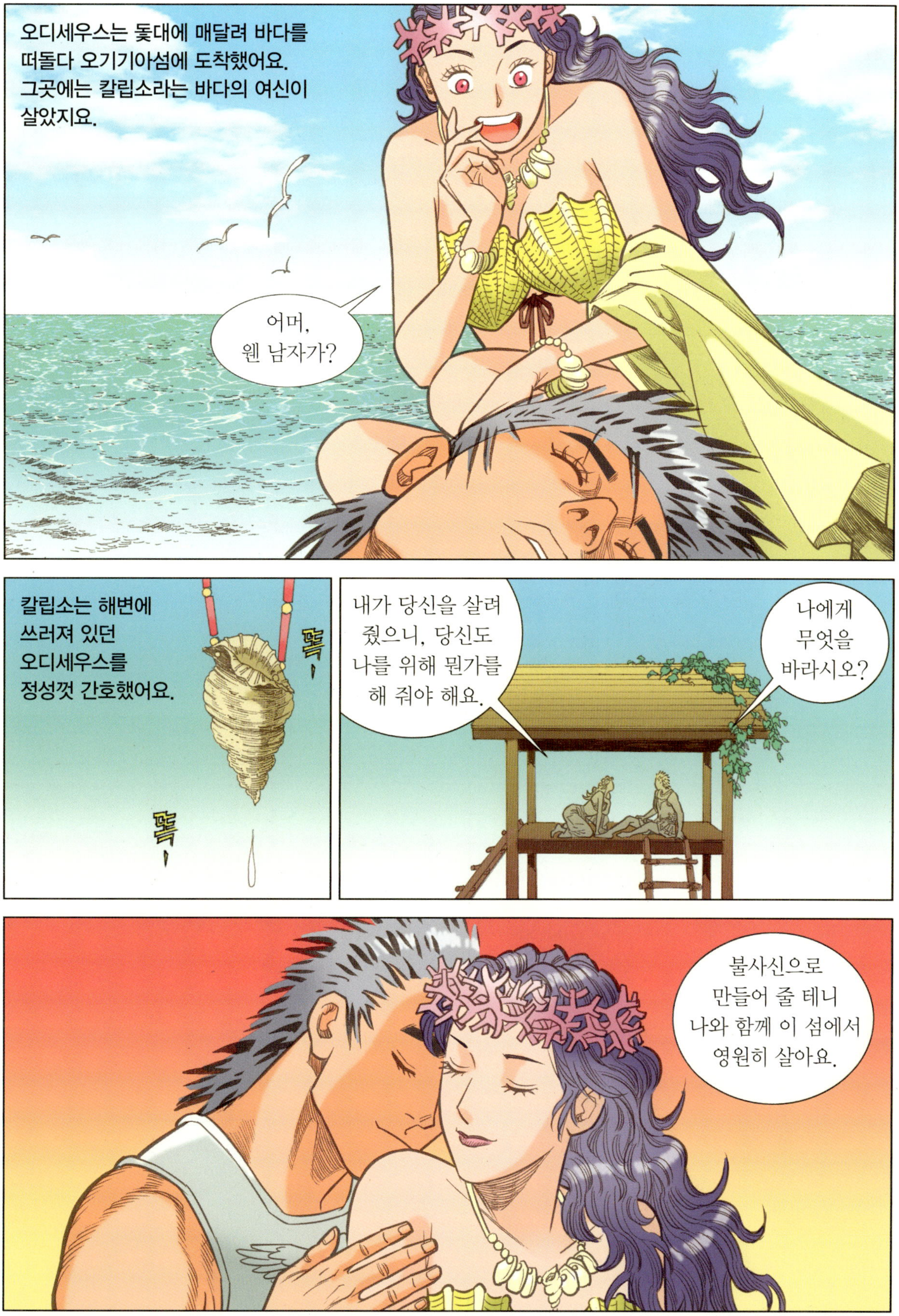

왕비님은 낮에는 베를 짜고 밤이 되면 풀기를 반복하면서 삼 년을 보냈습니다.

하지만 이젠 그것도 끝이지요.

그게 무슨 말이오?

구혼자들이 왕비님께서 시간을 끄는 것을 눈치챘습니다.

그래서 계속 시간을 끌면 제비뽑기를 해서 남편감을 정하겠다고 으름장을 놓았지요.

이제 더 이상 미룰 수가 없게 되었습니다.

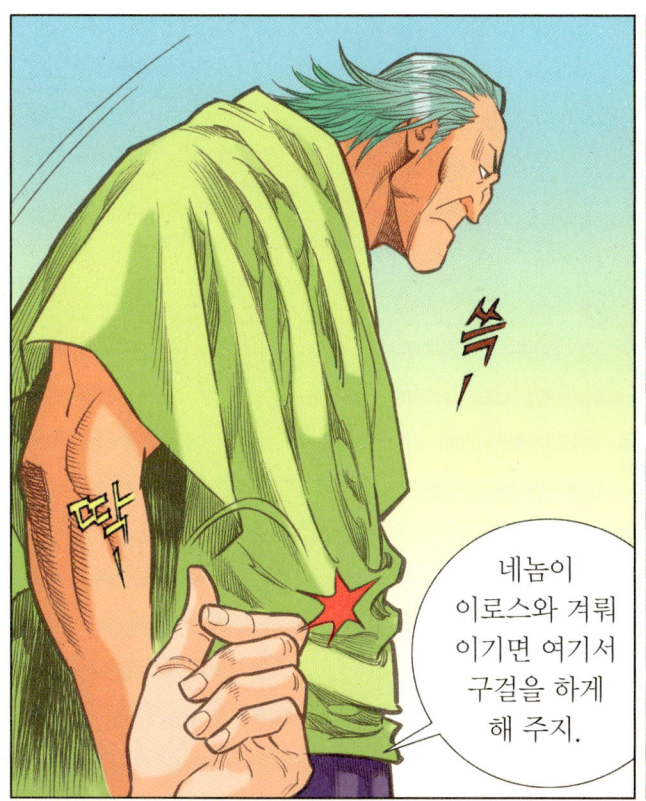

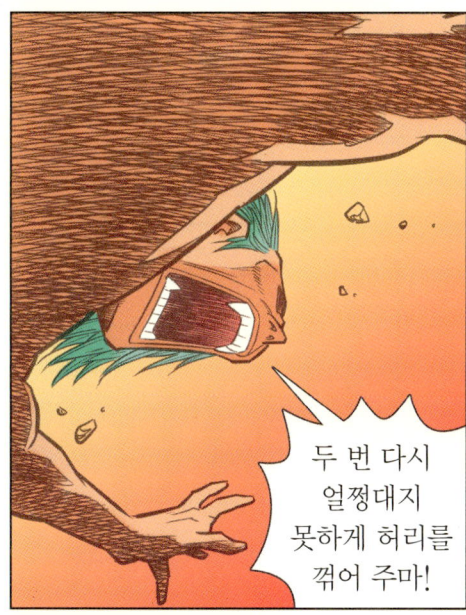

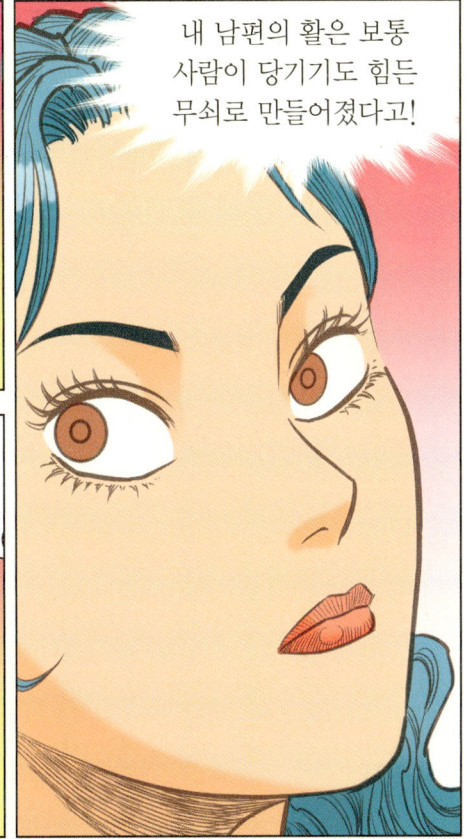

활쏘기 시합이 한창일 때 텔레마코스는 시종을 데리고 몰래 일을 꾸몄어요.

구혼자들의 무기를 몽땅 숨기고 궁전 문을 잠그라고 하셨어요!

이제 아버지가 나설 시간이에요!

콰앙

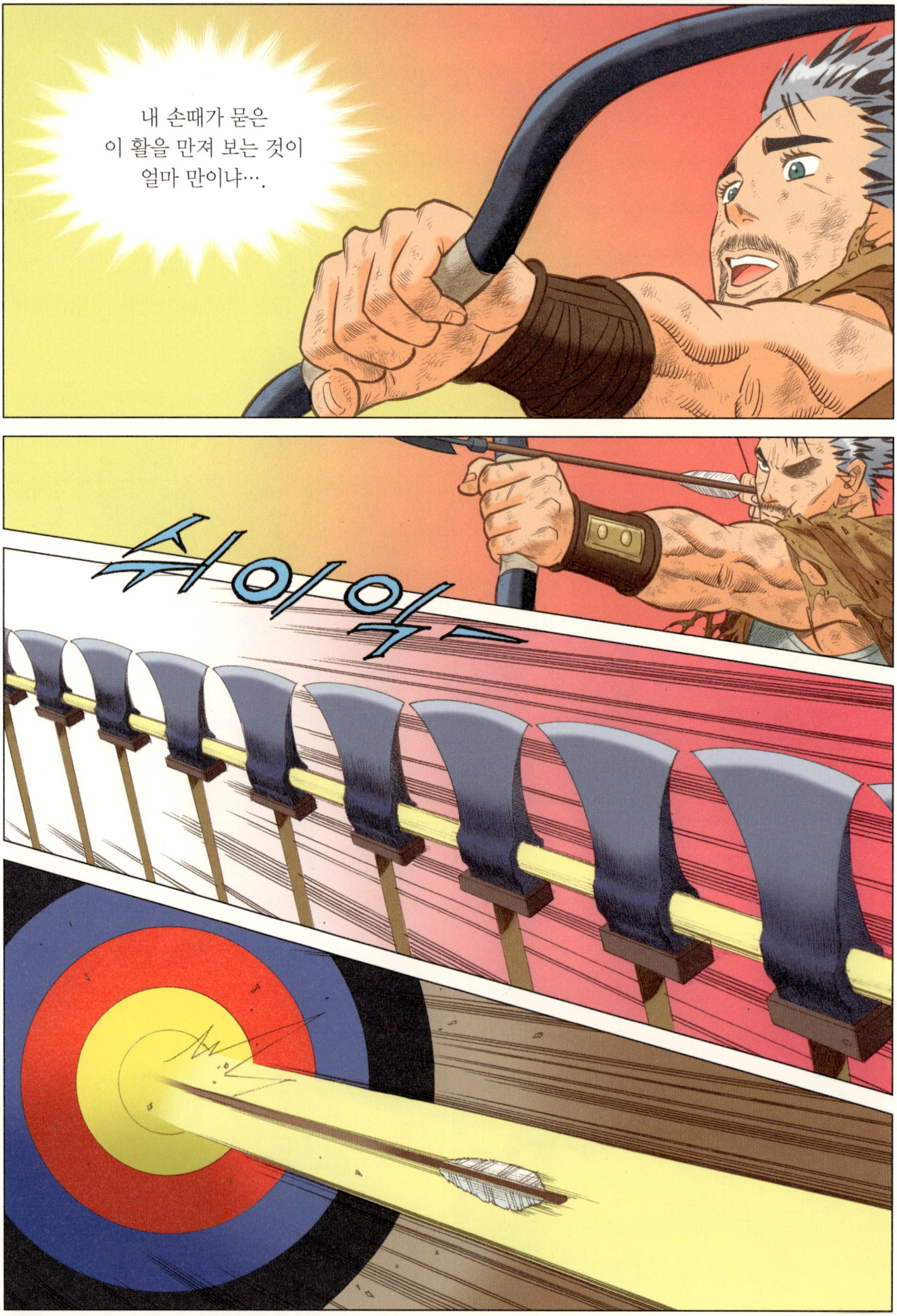

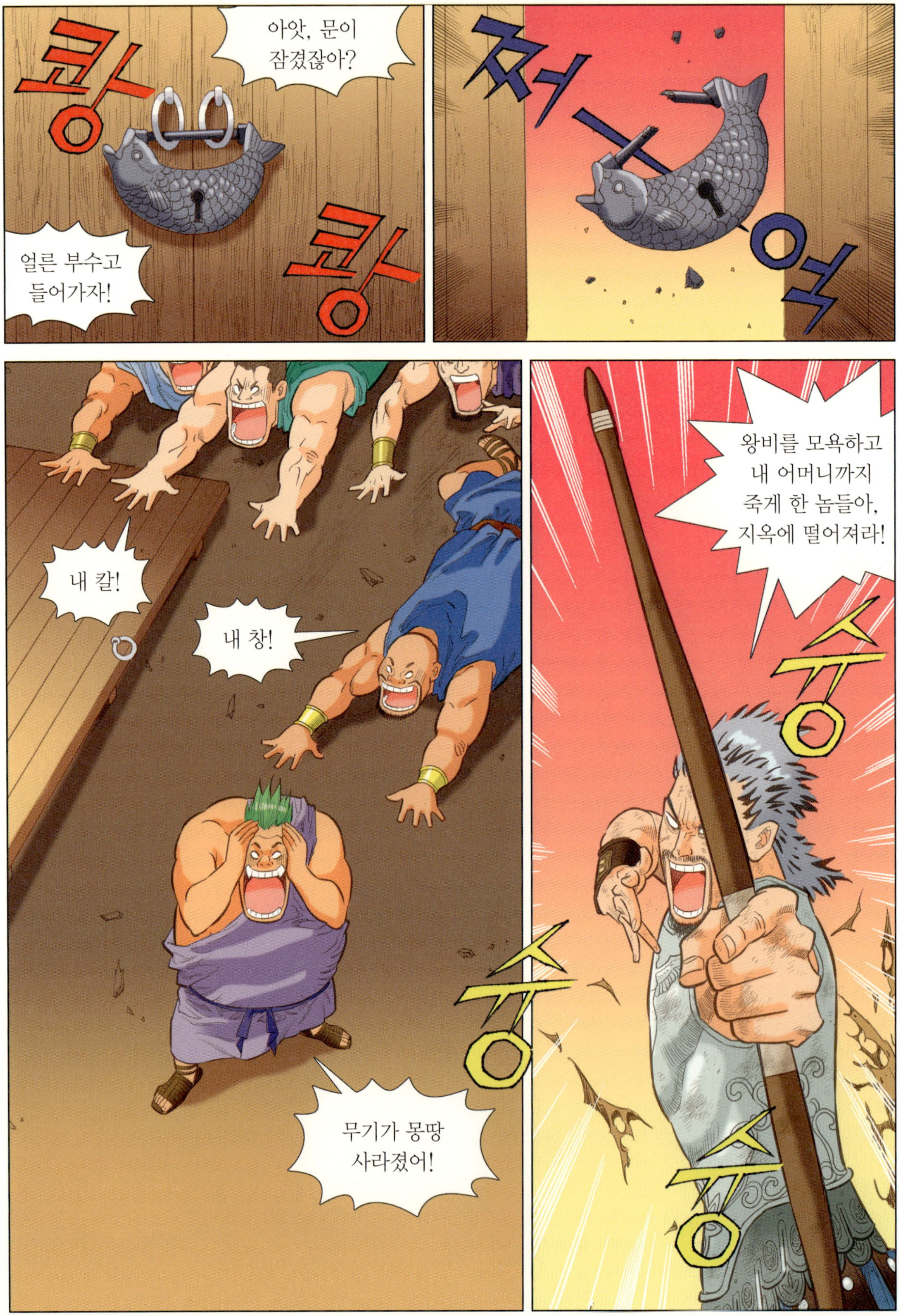

구혼자들을 물리친 오디세우스는 페넬로페를 찾아갔어요.

페넬로페 어디 있소? 내가 돌아왔소!

이 목소리는?

당신의 남편 오디세우스요.

돌아가세요! 내 남편은 이미 죽었다고요!

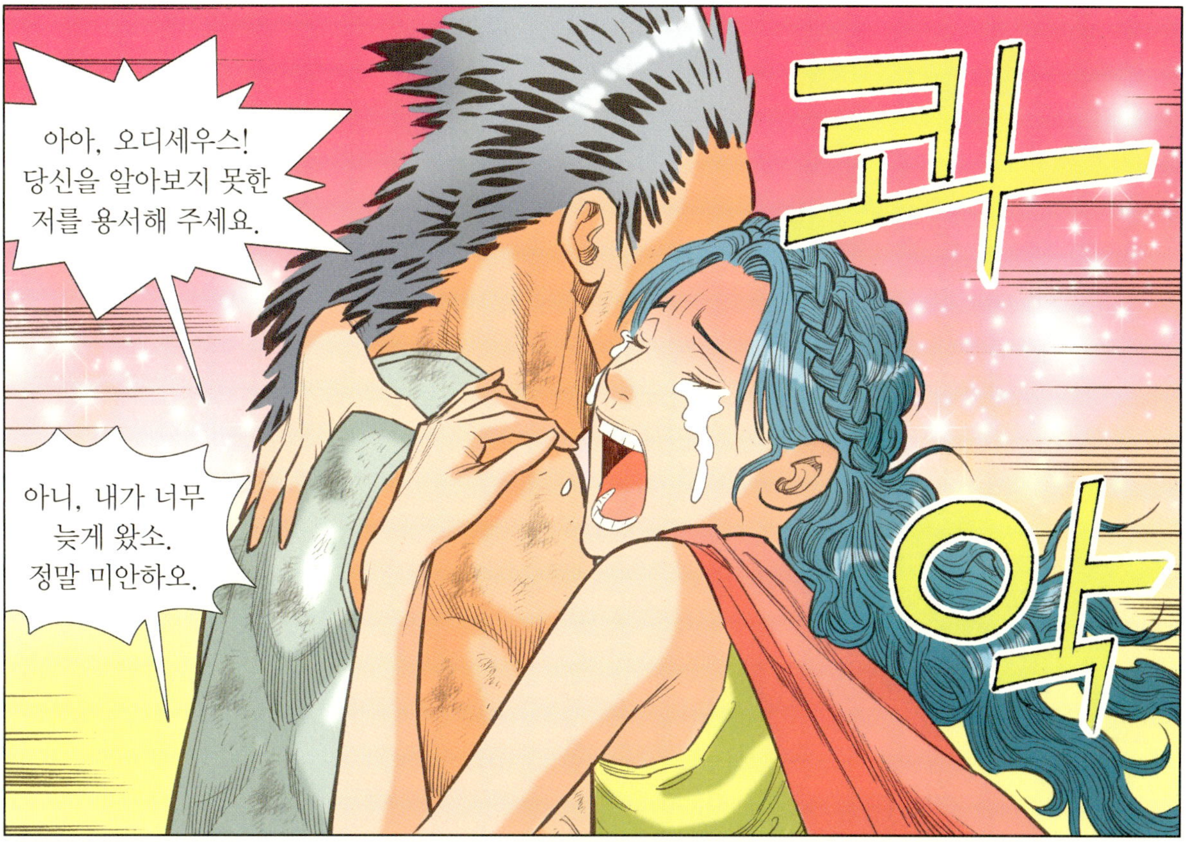

아아, 오디세우스! 당신을 알아보지 못한 저를 용서해 주세요.

아니, 내가 너무 늦게 왔소. 정말 미안하오.

콰악

만세!

오디세우스 왕이 돌아오셨다!

오랜 시간에 걸친 모험을 끝낸 오디세우스는 가족들과 함께 행복한 나날을 보내며 이타카 왕국을 평화롭게 다스렸어요.

이렇듯 고대 그리스 시인 호메로스의 대서사시 〈일리아드〉는 트로이 전쟁을, 〈오디세이〉는 모험으로 가득 찬 영웅 오디세우스의 여정을 우리에게 전하며 서양 문학의 기둥 또는 본바탕이라고 하는 명성을 얻고 있답니다.

올림포스 박물관

트로이를 세상 밖으로 꺼낸 슐리만

　트로이 전쟁 이야기는 무척 흥미진진하고 사실적이에요. 꾸며낸 이야기라고 믿기 힘들 정도이지요. 독일의 고고학자 하인리히 슐리만은 어린 시절 <일리아드>를 읽으며 트로이 전쟁 이야기가 실제로 있었던 일이라고 생각했어요. 어른이 되면 트로이를 찾겠다는 꿈을 키우며 자랐지요. 어른이 된 슐리만은 트로이가 있던 지금의 터키로 달려가 발굴 작업을 시작했어요. 그러다가 마침내 터키 북부 히살리크 언덕에서 무려 아홉 개나 되는 도시의 유적이 겹겹이 쌓여 있는 것을 발견했지요. 그는 온갖 어려움을 이겨 내고 1870년에 마침내 트로이 것으로 보이는 유적을 찾는 데 성공했어요. 한 소년의 꿈과 그것을 이루겠다는 강한 의지가 신화의 세계를 실제의 사건으로 바꾼 거예요. 그 덕분에 트로이 문명은 역사의 한자리를 차지하게 되었지요.

　역사적으로 보면, 고대 그리스 시대에 트로이는 에게해와 흑해 사이에 위치해 해상 무역으로 경제적 번영을 누렸어요. 그리스의 도시 국가들이 에게해의 무역을 차지하기 위해 서로 동맹을 맺고 트로이와 전쟁을 벌였다고 추측할 수 있지요. 19세기까지만 해도 대부분의 학자들은 트로이 전쟁을 지어낸 이야기라고 생각했어요. 독일의 고고학자 하인리히 슐리만이 트로이 유적을 찾아내면서 트로이 전쟁이 사실이라고 믿는 사람이 늘었지요. 신화는 단순히 지어낸 이야기가 아니라 역사적 사실을 바탕으로 쓰였다는 주장이 설득력을 얻게 된 거예요.

◀ 하인리히 슐리만
사업가 출신의 고고학자로 미케네 유적과 트로이 유적을 발굴했어요.

◀ **헥토르와 아킬레우스의 전투**
트로이 전쟁의 두 영웅 헥토르와 아킬레우스는 서로를 존중하며 치열하게 싸웠어요.
■ 페테르 파울 루벤스, 〈헥토르를 찌르는 아킬레우스〉

▶ **불길에 휩싸인 트로이 성**
그리스군은 목마 안에 몰래 숨어 있다가 빠져 나와 트로이 성에 불을 질렀어요.
■ 요한 게오르그 트라우트만, 〈불타는 트로이〉

▼ **트로이 성벽 유적지**
4,000년의 역사를 간직한 트로이 유적은 유네스코 세계문화유산으로 지정되었어요.

올림포스의 영웅

전쟁을 위해 태어난 영웅 아킬레우스

그리스 로마 신화에 나오는 영웅 가운데 가장 강한 사람은 누구일까요? 헤라클레스, 테세우스, 페르세우스, 이아손 등 수많은 영웅이 있지만, 전쟁터에서만큼은 누가 뭐라고 해도 아킬레우스가 가장 강한 사람이었어요.

아킬레우스는 트로이 성 전체를 두려움에 벌벌 떨게 할 만큼 용맹한 장수였어요. 그리스군의 선봉장으로 항상 앞장서서 싸웠고, 트로이 최고의 장수 헥토르를 죽임으로써 트로이군의 사기를 크게 떨어뜨렸지요. 뿐만 아니라 비겁한 행동을 한 아가멤논에게 반기를 들고, 자기 대신 싸우다 죽은 친구 파트로클로스를 위해 싸움에 나서는 등 정의로운 면모도 가지고 있었어요. 비록 전쟁의 영웅으로 우뚝 서면 목숨을 잃게 된다는 신탁을 벗어날 수는 없었지만, 그리스 로마 신화를 가장 화려하게 빛나게 한 영웅으로 사람들의 가슴속에 영원히 남았지요.

▶ 정의로운 영웅
파트로클로스의 죽음에 분노한 아킬레우스가 곧장 적진으로 뛰어들려 하자 신들이 나서서 아킬레우스를 말렸어요.
■ 샤를 앙투안 쿠아펠, 〈분노한 아킬레우스〉

▶ 아킬레우스의 분노
헥토르를 쓰러뜨려 친구의 원수를 갚은 아킬레우스는 분이 풀리지 않자 그 시신을 전차에 매달아 끌고 다녔어요.
■ 프란츠 마치, 〈아킬레우스의 승리〉

그리스 최고의 지략가 오디세우스

트로이 전쟁을 빛낸 수많은 영웅이 있지만, 단 한 명의 영웅을 꼽으라면 단연 오디세우스일 거예요. 전쟁에 나가면 죽는다는 신탁 때문에 여자로 변장해 숨어 있던 아킬레우스를 찾아내 전쟁에 끌어들이고, 사이가 좋지 않았던 아킬레우스와 아가멤논을 화해시키고, 헬레노스를 설득해 트로이를 지키는 팔라디온을 훔쳐 낸 사람은 오디세우스였지요. 목마를 만들어 그리스군이 트로이를 무너뜨리는 데 결정적인 역할을 한 것도 오디세우스예요.

트로이 전쟁을 끝내고 고향으로 돌아가는 험난한 길에서도 그의 지혜는 빛을 발했어요. 그가 겪었던 여러 가지 모험은 책 한 권에 담기가 벅찰 정도지요. 그리스 로마 신화에 등장하는 영웅들은 대부분 슬픈 결말을 맞게 되지만, 오디세우스만큼은 그토록 원하던 사랑하는 가족의 품으로 돌아갈 수 있었어요. 그의 모험담은 수많은 예술 작품으로 탄생했고, 그의 이름은 우주 과학, 첨단 정보 통신 기기에서도 찾아볼 수 있답니다.

▲ 마법의 여신 키르케
키르케는 첫눈에 반할 만큼 아름다운 외모로 사람을 유혹해 동물로 변하게 만들었지만 지혜로운 오디세우스에게 오히려 반하고 말았어요.
■ 존 윌리엄 워터하우스, 〈오디세우스에게 잔을 건네는 키르케〉

▶ 사람을 잡아먹는 외눈박이 괴물
폴리페모스는 오디세우스 일행을 동굴에 가두고 한 명씩 잡아먹었지만, 오디세우스의 꾀에 속아 자신이 기르던 양들을 빼앗겼어요.
■ 콘스탄틴 한센, 〈폴리페모스를 속이는 오디세우스〉

글·그림 이현세

만든 작품마다 독자들의 사랑을 받아 온 우리나라 만화계의 거장입니다.
1983년 《공포의 외인구단》으로 '이현세 붐'을 일으켰고, 베스트셀러 《만화 한국사 바로 보기(전 12권)》
《만화 세계사 넓게 보기(전 15권)》《만화 삼국지(전 10권)》 등으로 어린이 학습 만화의 새 지평을 열어 가고 있습니다.
《지옥의 링》《사자여 새벽을 노래하라》《남벌》《아마게돈》《며느리 밥풀꽃에 대한 보고서》《천국의 신화》 등 다수의
대작을 그렸습니다. 최근에는 《천국의 신화 6부》를 네이버 웹툰에서 연재했고, 《초월》을 다음 웹툰에서 연재했습니다.
현재는 세종대학교 만화애니메이션학과 교수로 학생들을 가르치고 있습니다.

이현세 만화 그리스 로마 신화 10 오디세우스의 귀향

글·그림 이현세

1판 1쇄 펴낸날 2019년 5월 20일

펴낸곳 녹색지팡이&프레스(주) | 펴낸이 강경태
책임 편집 박정민 | 디자인 박성준, 방은진
함께 만든 사람들 김진완, 김명학, 김종식, 김기훈, 이영주, 김민정, 진주희, 이종서, 홍혜림
등록번호 제16-3459호 | 주소 서울시 강남구 테헤란로84길 12 (우)06178
전화 (02) 2192-2200 | 팩스 (02) 2192-2399

copyright ⓒ 이현세, 2019

ISBN 979-11-86552-75-9 74800
ISBN 979-11-86552-64-3 74800(세트)

* 이 책의 출판권은 저작권자와 독점 계약한 녹색지팡이&프레스에 있습니다.
  저작권법에 의해 보호를 받는 저작물이므로 무단 전재와 무단 복제를 금합니다.
* 이 도서의 국립중앙도서관 출판시도서목록(CIP)은 서지정보유통지원시스템 홈페이지(http://seoji.nl.go.kr)와
  국가자료공동목록시스템(http://www.nl.go.kr/kolisnet)에서 이용하실 수 있습니다.(CIP제어번호: CIP2019017645)